Peter Pochowski
Ayurveda-Koch

Wasso-dawa-Kochen

Kochen mit und nach Gefühl

Alfa-Veda

Peter Pochowski
Wasso-dawa-Kochen
Kochen mit und nach Gefühl
3. Auflage November 2019

Alfa-Veda Verlag, Oebisfelde
alfa-veda.com
alfa-veda@email.de
Druck: Books on Demand GmbH, Nordersted
Printed in Germany

ISBN 978-3-945004-38-8

Inhalt

Vorwort

Wer kennt das nicht: Wir haben Lust, was Leckeres zu kochen, schlagen ein Kochbuch auf, öffnen die Speisekammer – und ärgern uns. Denn mindestens die Hälfte der Zutaten aus dem Kochbuch haben wir gerade nicht im Haus. Mit diesem Ärger ist jetzt Schluss!

In diesem Buch lernst du, kreativ und einfach eine leckere Mahlzeit aus den Nahrungsmitteln zuzubereiten, die du gerade im Schrank hast – eben *Kochen, was so da war*. Praktisch im Alltag, trotzdem frisch und voller Lebenskraft, und schmecken soll es natürlich auch. Alles auf der Basis von Ayurveda, dem Wissen vom Leben.

Unser Appetit, unsere Geschmacks- und Geruchsnerven sind ein wunderbarer Schutzschirm und Heiler. Unsere Sinne sagen uns oft, was Medizin für uns ist. Sie schützen uns, indem wir Lebensmittel ablehnen, die theoretisch vielleicht sehr gesund, im Augenblick aber für unsere Physiologie nicht bekömmlich sind. Die Theorie ist zwar hilfreich, aber unser Appetit, Gefühl, Geschmack und Geruch sind genauer und unmittelbarer mit unserem Organismus verbunden. Denn unser Verdauungssystem kann Gift in Nektar verwandeln und umgekehrt.

Ayurveda bedeutet für mich in erster Linie, das Gefühl für den eigenen Körper herzustellen und zu halten – leben im Einklang mit den Naturgesetzen. Was auch heißt, Regionales zu essen und was uns die Jahreszeit schenkt.

Wasso-Dawa-Kochen ist auch hilfreich für Veganer und für Menschen mit Gluten-Unverträglichkeit.

Habe Freude am Essen und iss mit Dankbarkeit.

Hei ho, dies essen macht mich froh.

Zu dem Spiegelei empfehlen wir eine Portion Lachyoga

Dal: Hülsenfrucht-Gerichte

Dal ist ein Gericht der indischen Küche, das vorwiegend aus Hülsenfrüchten, meist Linsen, aber auch aus Kichererbsen, Bohnen oder Erbsen zubereitet wird. Für Gäste von Panchakarma-Kuren benutzen wir meist gelbes Mung-Dal oder rote Linsen. Beide sind geschält und sind deshalb schnell gar und leichter verdaulich.

Variante 1

Dal für eine Person
50 g rote Linsen oder gelbes Mung-Dal
150 ml Wasser (dick); 200 ml Wasser (dünn)
¼ TL Koriander
⅛ TL Kurkuma
Folgende Gewürze können verwendet werden, wenn sie gerade da sind:
¼ TL Kreuzkümmel
¼ TL Senfsamen
1 Nelke
2 Lorbeerblätter
⅛ TL Muskat
¼ TL Ingwer
Man kann auch nur zum Beispiel Vata- oder Pitta-Churna verwenden oder seine eigenen Currys mischen. Auf 50 g Dal kommen dann 2 TL Vata- oder Pitta-Churna. Alles etwa 30–40 Minuten köcheln und am Ende mit ca. ¼ TL Salz abschmecken. Durch das Einweichen über Nacht verringert sich die Kochzeit erheblich.

Variante 2

pro Person:
50 g Dal
¼ TL Koriander
⅛ TL Kurkuma
½ TL Salz mitkochen

Am Ende des Kochens alles mit einheimischen Kräutern wie Basilikum, Petersilie, Oregano, Majoran oder Rosmarin abschmecken. Nimm was dir schmeckt und was gerade in der Küche vorrätig ist.
Während des Kochens können auch kleingeschnittene Gemüse wie Möhren, Tomaten, Kürbis oder Zucchini dazu gegeben werden. Oder am Ende einen guten Spritzer Zitrone, schmeckt gut und hilft alles noch leichter verdaulich zu machen.
Alle Gewürze können auch für alle anderen Hülsenfrüchte verwendet werden. Es ist dann nur wichtig, wenn wir ungeschälte Hülsenfrüchte verwenden, dass sie am besten eine Nacht vorher eingeweicht sind oder dass wir sie auf jeden Fall lange genug kochen.
Kichererbsen z. B. brauchen selbst nach dem Einweichen mindestens eine Stunde Kochzeit.

Variante 3

50 g Dal
¼ TL Koriander
⅛ TL Kurkuma
Alles 30 min kochen.
In einer Extrapfanne etwas Ghee (geklärtes Butterfett, siehe S. 60) oder Kokosöl erhitzen und
¼ TL Kreuzkümmel ganz
¼ TL Senfsamen ganz
1 Nelke
¼ TL frischen Ingwer, gehackt oder geraspelt, kurz anbraten und dann mit etwas Salz und Zitrone in das Dal rühren. Noch 5–10 min weiterkochen.

Variante 4

50 g Dal
¼ TL Koriander
⅛ TL Kurkuma
Alles 30 bis 40 min kochen. Am Ende des Kochvorgangs in einer Extrapfanne Ghee oder Kokosöl erhitzen und Kräuter wie Basilikum, Petersilie, Oregano, Majoran oder Rosmarin anbraten und dann mit ca.1/2 TL Salz und Zitrone in das Dal rühren.

Variante 5

50 g Dal
¼ TL Koriander
⅛ TL Kurkuma
Alles 30 min kochen.
Dann ganze Gewürze wie
¼ TL Kreuzkümmel
¼ TL Senfsamen
ein Achtel TL Bockshornkleesamen
ein Achtel TL Fenchelsamen
in der Pfanne trocken rösten für ca. 1–2 min. Dann in einer Kaffeemühle fein mahlen und mit etwas Salz und Zitrone in das Dal rühren. Tomaten oder Tomatenmark macht sich auch gut im Dal, wenn wir keine Zitrone haben. Noch 5 bis 10 min weiterkochen.

Dal	Dal	Wasser	Konsistenz	Kochzeit
Mung-Dal, gelb, geschält rote Linsen Erbsen, geschält	50 g	150 ml	dick bei 200–250 ml wird es dünn	30–40 min
Mung-Dal, grün rote Linsen, ganz	50 g	150 ml	dick bei 200–250 ml wird es dünn	50–60 min
Kichererbsen	50 g	250 ml		120 min

Getreide

Alle Getreide kannst du mit deinen Lieblingsgewürzen, Lieblingskräutern, Brühe, Salz und Zitrone zu einer herzhaften Mahlzeit oder Beilage zubereiten. An Flüssigkeiten kannst du auch Reismilch oder Mandelmilch ausprobieren. Wenn du mit Milch kochst, ist es wichtig, dass du Zitrone oder Salz erst am Ende des Kochens dazugibst, sonst kann das Ganze gerinnen.

Getreide	**Getreide**	**Flüssigkeit Wasser**	**Konsistenz**
Basmatireis	pro 10 ml	18 ml	fest, körnig
Polenta	pro 10 ml	40 ml	dicker Brei
Hirse	pro 10 ml	20 ml	mittel
Buchweizen	pro 10 ml	20 ml	mittel
Reissuppe	pro 10 ml	120–150 ml	dünn
Reis	pro 10 ml	20 ml	fest
Haferflocken	pro 10 ml	40 ml	dick
Quinoa	pro 10 ml	20 ml	mittel

Maße in Tassen (für jeweils 3 bis 4 Personen)

Getreide	**Getreide**	**Flüssigkeit Wasser**	**Konsistenz**
Basmatireis	1 Tasse	1,8 Tassen	fest, körnig
Polenta	1 Tasse	4 Tassen	dicker Brei
Hirse	1 Tasse	2 Tassen	mittel
Buchweizen	1 Tasse	2 Tassen	mittel
Reissuppe	1 Tasse	12–15 Tassen	dünn
Reis	1 Tasse	2 Tassen	fest
Haferflocken	1 Tasse	4 Tassen	dick
Quinoa	1 Tasse	2 Tassen	mittel

Kochzeiten

Basmatireis, Quinoa und Hirse 5 min kochen, dann 15 min warmstellen und ziehen lassen.
Polenta einmal aufkochen, 10 min warmstellen und ziehen lassen.
Buchweizen und Rundreis 10 min kochen, dann 15 min warmstellen und ziehen lassen.
Haferflocken 10 min warmstellen und ziehen lassen.

Buchweizen ist kein Getreide, sondern ein glutenfreies Knöterichgewächs, das geröstet besonders aromatisch und nussig schmeckt: In trockener Pfanne ungewaschen auf niedriger Flamme mit gelegentlichem Umrühren anrösten, bis er haselnussbraun wird und anfängt zu riechen. Dann einmal aufkochen und ziehen lassen. Auch als fertig gerösteter Buchweizen im Handel erhältlich.

Kitchari

Kitchari besteht hauptsächlich aus Reis, Linsen und Gewürzen. Kohlenhydrate, Eiweiß, Vitamine und Mineralien machen das Gericht zu einer leckeren und gesunden Mahlzeit.

Pro Person

25 g entweder geschältes Mung-Dal, geschälte rote Linsen oder geschälte, getrocknete Erbsen
75 g Basmatireis oder Vollreis
½ TL Koriander gemahlen
¼ TL Kurkuma
Alles mit 1000 ml Wasser 45 min bis 70 min köcheln.
Am Ende ¼ TL schwarze Senfkörner ganz, ¼ TL Kreuzkümmel ganz, ¼ TL Bockshornkleesamen ganz, ¼ TL Salz und ¼ TL Fenchelsamen in Ghee oder Kokosfett kurz anbraten und zu dem Kitchari zugeben.

Varianten

Solltest du die Gewürze nicht haben, nimmst du 1–2 TL Currypulver und gibst es angebraten dazu. Wer möchte, braucht die Gewürze nicht anzubraten, dann sollten sie aber von Anfang an mitkochen. Wenn du möchtest, kannst du auch noch klein geschnittenes Gemüse mitkochen. z. B. Möhren, Paprika, Zucchini usw. – oder am Ende des Kochens kleingeschnittene frische Kräuter zufügen, zum Beispiel Basilikum oder Oregano. Auch ein Spritzer Zitrone macht sich gut.

Gemüse

Du kannst jeder Art von Gemüse etwas Wasser zugeben, ungefähr ein Viertel der Topfhöhe, etwas Salz und Lieblingsgewürze zufügen und dann kochen. Kochzeiten sind unten angegeben. Wenn wir Kräuter verwenden, ist es besser, sie zum Ende des Kochvorgangs beizufügen. Da sehr viel der Mineralien und vom Geschmack des Gemüses in das Wasser geht, ist es gut, das Wasser entweder in ein Dal oder Getreide zu geben oder eine schöne Soße daraus zu machen (siehe Soßen S.18).
Das Schnellste und Einfachste ist, ganz kurz den Pürierstab rein zu halten, und schon ist das Wasser gebunden.
Eine andere Art, Gemüse zuzubereiten, ist es, ganz ohne Wasser auf kleiner Heizstufe zu schmoren. Dabei musst du aber aufpassen, dass es nicht anbrennt. Wir erhitzen etwas Fett oder Öl, geben es in die Pfanne oder den Topf, geben Salz und Gewürze dazu und schmoren es mit geschlossenem Deckel, wobei wir das Gemüse zwischendurch oft wenden. So lassen wir es im eigenen Saft schmoren.
Weiche Gemüse wie Zucchini, Kürbis oder Gurken eignen sich auch gut zum Backen. Wobei auch kein Fett nötig ist bei Temperaturen bis 150 Grad. Einfach das Gemüse in Scheiben schneiden, auf ein Blech legen, würzen und bei 150 Grad 30 min backen. Dann mal mit dem Messer einstechen und gegebenenfalls weiter backen lassen, bis es so durch ist, wie wir es mögen. Natürlich können wir das Blech und das Gemüse auch fetten und bei einer höheren Temperatur braun werden lassen.

1. Margeriten geschmort

50 g Margeritenblüten
¼ TL Bockshornkleesamen
½ TL Kreuzkümmel
½ TL Senfsamen
Fett erhitzen und die Gewürze kurz anbraten. Dann die Margeriten unterrühren und mit geschlossenem Deckel 10 bis 15 min schmoren.

Gemüse-Garzeiten

Garzeiten für	Minuten	Garzeiten für	Minuten
Auberginen	25–30	Lauch	15
Blumenkohl	30	Möhren in Scheiben	20
Broccoli	20	Paprika	15
Chinakohl	10–15	Rote Beete gewürfelt	20–30
Fenchel	20–30	Rotkohl	20–30
Grünkohl	20–30	Sellerie	15–20
Gurken	10–15	Spinat	10
Hokaido-Kürbis	15–20	Weißkohl	30
Kartoffeln mittelgroß	20–25	Wirsing	15–20
Kürbis gewürfelt	15–20	Zucchini	15–20

2. Cashewkern-Nesseln

100 g Brennnesseln (oder Taubnesseln, oder Giersch)
20 g Cashewnüsse
30 ml Wasser oder Reismilch
¼ TL Salz
½ TL Curry
Alles 10 bis 15 min köcheln lassen. Entweder mit dem Pürierstab fein mixen oder ganz servieren.

3. Sellerie geschmort

500 g Sellerie würfeln
1 TL ganzer Kreuzkümmel
½ TL Rosmarin
½ TL Salz
Ein EL Ghee in einem Topf erhitzen und die Selleriewürfel mit den Gewürzen dazugeben. Den Topf schließen und bei mittlerer Hitze 10 min schmoren lassen. Dann die Hitze verringern und weitere 20 bis 30 min schmoren lassen. Gelegentlich umrühren.

4. Rote Beete mit Soße

500 g Rote Beete schälen und würfeln.
Mit einem TL Curry und ½ TL Salz eine Stunde kochen.
Dann Ghee in einer Pfanne erhitzen und Reismehl ca. 1 min anschwitzen. Wir können auch Kichererbsen-, Weizen-, Dinkel- oder Buchweizennmehl nehmen. Dann das Rote-Beete-Gemüsewasser unter ständigem Rühren mit dem Schneebesen in die Pfanne gießen. Alles aufkochen lassen.
Die Soße kann extra oder gemeinsam mit dem Gemüse serviert werden.

5. Milchgemüse

¼ l. Vollmilch (Rohmilch ist super, gerade wenn sie schon etwas sauer ist)
200 g Lieblingsgemüse oder was so da war
½ TL Gemüsebrühe

In einem Topf oder Pfanne solange köcheln, bis die Milch verkocht ist. Sollte das Gemüse noch nicht gar sein, Milch nachgießen.

Oder

¼ l. Vollmilch (Rohmilch ist super, gerade wenn sie schon etwas sauer ist)
200 g Lieblingsgemüse oder was so da war
1 TL Curry
½ TL Salz
In einem Topf oder Pfanne solange köcheln, bis die Milch verkocht ist. Sollte das Gemüse noch nicht gar sein, Milch nachgießen.

Schmorgemüse

Schmore dein Lieblingsgemüse oder was so da war auf kleiner Stufe in wenig Ghee, Kokosfett oder Bratöl ohne Gewürze und entdecke den Eigengeschmack neu: „Slow Food".
Du solltest deinen Herd und Topf kennen, damit es nicht anbrennt.

Variante

Schmore eine geschnittene Zwiebel oder Knoblauch mit.

Wurzeln

200 g Pastinaken, Möhren oder Knollensellerie
1 TL Ingwer, frisch, wenn da
½ TL Zimt
¼ Muskatnuss
¼ TL Kreuzkümmel
½ TL Koriander
1 – 2 EL Erdnussbutter
Alles 20 min kochen. Dann das Wasser abgießen und mit der Erdnussbutter zu einer Soße verrühren.

Variante 1

Das Wasser abgießen. 3 EL Sonnenblumenöl und 20–30 g vom gekochten Gemüse dazugeben. Mit einem Pürierstab zu einer Soße mixen.

Variante 2

Mach eine Mehlschwitze mit Kichererbsenmehl oder einem Mehl, das du hast, und gib das Gemüsewasser unter ständigem Rühren mit dem Schneebesen dazu.

Rosenkohl

Zutaten für 3 Personen:
300 g Rosenkohl
1 mittelgroßer Lauchstengel ca. 200 g
Kokosfett oder Bratöl
1 TL Bockshornkleesamen ganz
1 TL schwarze Senfkörner ganz
1 TL Kreuzkümmel ganz
1 TL Salz
1 TL Rübenkraut (Zuckerrübensirup) oder Vollrohrzucker
100 bis 150 ml Wasser
2 TL Balsamico-Essig oder 200 ml Saure Sahne oder Schmand
Rosenkohl halbieren, Lauch in 1 cm große Stücke schneiden. Fett erhitzen und Gemüse und Gewürze bei mittlerer Hitze 10 min schmoren. Das Wasser dazugeben und alles bei mittlerer Hitze 15 min köcheln. Am Ende Rübenkraut und Essig dazugeben, gut einrühren und genießen.

Probiere das auch mal mit Blumenkohl oder Kohlrabi.

Soßen

Variante 1

Um Gemüsewasser zu binden, damit es eine Soße wird, nimmst du einen Schneebesen und ein beliebiges Mehl, das dir schmeckt, Dinkel-, Reis- oder Kichererbsenmehl, und rührst es mit etwas kaltem Wasser an. Dann gießt du es unter ständigem Rühren in das Gemüse und lässt alles noch kurz aufkochen.

Variante 2

Du kannst auch etwas Gemüse in einen Mixer (oder Pürierstab) geben und mit Öl, Nussmus, Senf, Sahne oder Frischkäse zu einer cremigen Soße mixen.

Variante 3

Oder wir machen eine Mehlschwitze (Einbrenne). Dazu lassen wir etwas Mehl in der Pfanne aus, also etwas anschmoren mit Ghee oder einem Bratfett. Wir nehmen die Pfanne vom Herd und gießen unter ständigem Rühren mit dem Schneebesen das Gemüsewasser unter. Danach alles wieder kurz aufkochen lassen. Es können auch noch Gewürze mit dem Mehl angeschmort werden.

1. Zitronensoße

Eine ganze Bio-Zitrone klein schneiden,
mit ca. 100 ml Wasser,
½ TL Salz und
2 TL Currypulver
20 min kochen. Dann 2–3 EL Agavendicksaft hinzufügen und alles fein pürieren. Anstelle des Agavendicksaftes kann auch Rohrohrzucker verwendet werden oder ihr Lieblings-Süßmittel. Dasselbe Rezept geht auch mit einem sauren Apfel oder einer unreifen Mango.

2. Tahini-Soße (Soße aus Sesampaste)

1 EL Tahini
1 EL Zitrone

⅛ TL Salz
15 ml Wasser (statt Wasser kannst du auch Brühe oder Gemüsewasser nehmen, dann aber das Salz weglassen.) Alles mit einem Löffel gut umrühren – fertig.

3. Sesamsoße

50 g Knollensellerie in Scheiben
50 g Möhren in Scheiben
1 TL Gemüsebrühe
Alles mit 200 ml Wasser oder Reismilch oder Milch (eine Tasse) 20 Minuten kochen. Dann mit 30 ml Sesamöl pürieren.
Wenn du möchtest:
20 g geröstete Sesamsamen dazugeben.

4. Sonnisoße

100 g Gemüse in Scheiben (z. B. Knollensellerie, Kohlrabi, Pastinake)
1 TL Curry
½ TL Salz
Alles mit 200 ml Wasser oder Reismilch (eine Tasse) 20 Minuten kochen. Dann mit 30 ml Sonnenblumenöl alles pürieren.

Variante 1

30 g geröstete Sonnenblumenkerne dazugeben

Variante 2

Sonnenblumenkern-Sprossen dazugeben

5. Nuss-Soße

20 g Walnüsse, Haselnüsse, Mandeln, Cashewnuss oder Wasso-Dawa
30 ml Brühe oder Gemüsewasser
Alles im Mixer oder Pürierstab zu einer cremigen Soße mixen.
Dann noch Flüssigkeit nachgießen, ungefähr 20–40 ml, je nachdem, wie dünn du es magst (Wenn im Gemüsewasser kein Salz ist, einen ½ TL Salz dazugeben). An Flüssigkeit kannst du auch Sahne nehmen oder 20 ml von deinem Lieblingsöl reinpürieren.

Soßen

Ich mache Soßen oft nach folgendem Prinzip:	
Gemüse	Möhren, Kürbis, Kartoffeln, Sellerie lassen sich gut pürieren und geben eine cremige Konsistenz. Tomaten, Zwiebeln, Knobi geben viel Geschmack. Oder auch mal einen Apfel. Aber alle Gemüse kannst du als Soßen-Grundlage nehmen. Folge dem Wasso-dawa-Prinzip.
Gewürze	Indische Gewürze kannst du mitkochen, Gemüsebrühe auch. Kräuter püriere ich gerne am Schluss mit ein oder gebe sie feingeschnitten dazu.
Wenn du Essig oder Zitronen verwenden möchtest, gib etwas Süße mit dazu.	z. B. Feigen oder andere süße Trockenfrüchte, Rübenkraut oder Rohrohrzucker
Flüssigkeiten	Wasser, Gemüsewasser, Milch, Reismilch, Hafermilch usw.; vielleicht ein bisschen Essig oder Wein
Diese Zutaten koche ich gar.	Siehe auch Gemüse-Garzeiten
Öle	Sonnenblumenöl, Olivenöl, Sesamöl, was so da war …
Nusspasten	z. B. Tahini (Sesammus), Haselnussmus, Erdnussmus usw.
Öle und Nusspasten gebe ich am Ende mit dazu. Dann püriere ich alles fein.	Am Ende noch etwas Balsamico-Essig oder Zitrone

Beispiel 1: Soße für 4 Personen

2 mittelgroße Kartoffeln, 1 mittelgroße Möhre, 1 mittelgroße Zwiebel mit ¼ Liter Wasser 20 min kochen. 30 ml Olivenöl, eine Handvoll frisches Basilikum oder 2 TL getrocknetes Basilikum, 1 TL Salz.
Alles fein pürieren, und wenn es zu dick ist, noch etwas Flüssigkeit dazugeben.

Beispiel 2: Soße für 4 Personen

1 Sellerieknolle, 2 Knoblauchzehen, 2 Feigen mit ¼ Liter Wasser 20 min kochen. 30 ml Sonnenblumenöl, 1 TL Salz, ½ TL Pfeffer und 4 TL geröstete Sonnenblumenkerne, 1 EL Balsamico-Essig:
Alles fein pürieren, und wenn es zu dick ist, noch etwas Flüssigkeit dazugeben.

Variante 1: Cashewnuss-Soße

Eine Handvoll frische Basilikumblätter und 20 ml Olivenöl dazugeben und zusammen pürieren.

Variante 2: Cashewnuss-Soße

100 g Cashewkerne
1/2 TL Salz
1 TL Curry mit 1 EL Ghee oder Kokosfett kurz anbraten (Wenn du es fettfrei willst, den Curry so mitköcheln).
Alles mit 300 ml Wasser 10 min kochen und pürieren.
Passt gut zu Kohlrabi oder süßem Wurzelgemüse.

6. Apfelsoße

50 g Apfelscheiben
½ TL Salz
½ TL Pfeffer
50 ml Wasser (oder Apfel- oder Mangosaft)
Wenn der Apfel sauer ist, einen halben TL Rübenkraut oder Zucker dazugeben. Alles 10 min kochen und pürieren.
Passt gut zu Fenchel oder süßem Wurzelgemüse.

7. Molki-Molki-Soße

200 ml Quinoa-Quarkmolke (oder andere Molke)
80 g gekochte Kartoffeln
½ TL Salz
½ TL Birken- oder Rohrohrzucker
Alles warm oder kalt pürieren.

Tomatensoßen

Variante 1: Mit frischen Tomaten und indischen Gewürzen

Pro Person:
2 TL Ghee oder Kokosfett
50 g Tomaten
¼ TL Kreuzkümmel ganz
¼ TL schwarze Senfsamen ganz
⅛ TL Asafoetida
¼ TL Kurkuma
¼ TL Ingwerpulver
⅛ TL Zimtpulver
¼ TL Salz
2 TL Rohrohrzucker oder Rübenkraut

Fett in der Pfanne erhitzen, Kreuzkümmel und Senfsamen dazugeben. Deckel auf die Pfanne legen und nach 30 bis 50 Sekunden die Pfanne von der Platte nehmen, die Senfkörner sollten anfangen zu springen. Je nach Plattenstärke und Pfannendicke verhält sich alles etwas anders. Pfanne wieder auf die Platte stellen. Tomaten und restliche Gewürze dazugeben, umrühren, Deckel auflegen und bei kleiner Hitze 10 bis 15 min schmoren lassen. Natürlich kannst du die Tomaten vorher schälen, wenn du willst. Und wenn du die Gewürze nicht hast, nimmst du 1–2 TL Currypulver. Wer Angst vor Tomaten hat, kann beruhigt sein, denn Kurkuma gleicht die Schatten aus.

Variante 2: Mit frischen Tomaten und frischen Kräutern

Pro Person:
50 g frische Tomaten
(10–20 g frische Paprika, wenn gerade da)
10–15 g frische Kräuter wie Basilikum, Oregano, Thymian, Majoran oder – wer möchte – auch Lauch oder Petersilie
¼ TL Kurkuma
¼ TL Salz
2 TL Rohrohrzucker oder Rübenkraut
10 ml Olivenöl

Tomaten würfeln (vorher schälen, wer möchte). Alles bis auf die Kräuter in einem Topf 15 min köcheln, den Topf von der Platte nehmen, dann die kleingeschnittenen Kräuter und das Olivenöl dazugeben, gut umrühren. Alles mit geschlossenem Deckel ein paar Minuten ziehen lassen. Guten Appetit!
Wer keine Zeit hat, die Kräuter klein zu schneiden, kann die Kräuter und das Öl am Ende pürieren.

Variante 3: Mit fertigem Tomatenmark

Du machst alles so, wie in Variante 1 oder 2, nur nimmst du statt Tomaten 30 bis 40 g Tomatenmark.

Bei allen Varianten kannst du auch noch etwas Knoblauch oder Zwiebeln mitkochen (was Yogis allerdings vermeiden, da es laut Ayurveda als *Tamas* eingestuft wird).

Süßspeisen und Breie

Alle unten angegebenen Getreide kannst du mit Milch, Wasser, Reismilch, Sojamilch, Hafermilch oder Mandelmilch zubereiten. Du brauchst nur das richtige Mischungsverhältnis.
Ergänzen kannst du es mit Trockenfrüchten wie Datteln, Rosinen, Aprikosen oder Feigen. Manche mögen auch Nüsse im Brei.
Gewürze wie Vanille, Kardamom, Zimt, Ingwer machen die Süßspeise noch schmackhafter und leichter verdaulich.
Frisches Obst kann auch mitgekocht werden. Wenn Milch benutzt wird, dürfen wir allerdings nur süßes Obst nehmen. Bei saurem Obst kann die Milch gerinnen. Das Obst je nach Reife erst zum Ende des Kochens dazugeben.
Süßmittel: Agavendicksaft, Palmzucker, Birkenzucker, Rübenkraut, Sharkara oder Stevia (Birkenzucker, Sharkara und Stevia wirken basisch).

Mengen: pro Person ca. 50 ml Getreide oder 1/3 bis ½ Tasse

Getreide	Getreidemenge	Wasser, Flüssigkeit	Konsistenz
Polenta	pro 10 ml	40–60 ml	dicker Brei
Hirse	pro 10 ml pro 10 ml	30 ml 40–60 ml	mittel Brei
Buchweizen	pro 10 ml pro 10 ml	40 ml 60–80 ml	mittel Brei
Reis	pro 10 ml pro 10 ml	60–80 ml 90–120 ml	Brei dünn
Haferflocken	pro 10 ml pro 10 ml	60–80 ml 90–120 ml	Brei dünn
Quinoa	pro 10 ml pro 10 ml	30–40 ml 60–80 ml	mittel Brei

Wenn du süße Breie aus Mehl, z. B. aus Reismehl, Dinkelmehl, Hirsemehl oder Kastanienmehl machen willst, dann gibst du unter ständigem Rühren mit dem Schneebesen das Mehl in die kalte Flüssigkeit und lässt es unter ständigem Rühren, weil es sonst schnell anbrennt, nur 1 bis 2 min köcheln.

1. Barbaras Aprikosencreme

(Für ein bis zwei Personen)
100 g getrocknete Aprikosen
20 g Kokosflocken
mit Wasser in einem Topf bedecken
etwa 15 min köcheln, dann pürieren

Variante: Rohkost

100 g getrocknete Aprikosen
20 g Lieblingsnüsse
mit Wasser in einem Topf bedecken
einen Tag einweichen, alles pürieren

Möhren-Halwa

500 g geraspelte Karotten
250 ml Milch
250 ml süße Sahne
2 EL gehackte Datteln oder Rosinen
50 g gehackte Mandeln
50 g Rohrohrzucker
3 EL Ghee
1 TL Kardamompulver
1 Msp Zimtpulver

Die geraspelten Karotten mit der Milch, der Sahne und den Datteln in einem Topf aufkochen und dann die Hitze herunterschalten. Unter stetigem Rühren 45 min köcheln lassen.
Anschließend Mandeln, Zucker und das Ghee untermischen und weitere 15 min unter ständigem Rühren köcheln.
Wenn die Konsistenz dick und puddingähnlich geworden ist, den Topf vom Herd nehmen und die Gewürze untermischen.

Als Garnierung kommen noch evtl. 2 Teelöffel gehackte, geröstete Mandeln über den Karottenpudding.
Lauwarm oder auch kalt genießen.

3. Eugens Dattelsuppe (für die Panchakarma-Kur)

50 bis 100 g Datteln
100 g brauner Rundkornreis (oder 100 g Haferflocken)
1 Liter Wasser
Du kannst auch noch ¼ Teelöffel Zimt, Ingwer, Vanille oder Kardamom dazugeben, wenn du magst. Alles 60 min köcheln lassen und pürieren. Wenn der Reis eine Nacht eingeweicht wurde, braucht er nur 30 min zu köcheln. Hafer braucht auch nur 30 min.

Pudding

80 % der Flüssigkeit erhitzen. Mit den restlichen 20 % das Puddingpulver und die Gewürze *kalt* mit dem Schneebesen mischen und dann unter ständigem Rühren mit dem Schneebesen in die erhitzte Flüssigkeit geben und aufkochen lassen. An Stelle des Puddingpulvers kannst du auch ein anderes feingemahlenes Mehl nehmen z. B. Reismehl oder Hirsemehl. Erst dann die Süßmittel dazugeben.

1. Obstsaft-Dessert

400 ml Kirschsaft (oder dein Lieblingsobstsaft: Ananas, Birne …)
¼ TL Kardamom (oder Vanillepulver)
¼ TL Ingwerpulver
aufkochen lassen.
In 100 ml Saft 50 g Reismehl oder Puddingpulver mischen. Unter ständigem Rühren mit dem Schneebesen in den gekochten Saft geben.
3–4 EL Agavendicksaft, Reissirup oder etwas Rohrohrzucker dazugeben.
Alles noch einmal aufkochen lassen, den Herd ausstellen und noch ein paar Minuten nachquellen lassen. Sollte es zu dick sein, noch etwas Saft nachgießen.
Anstatt Reismehl kannst du auch Dinkel-, Weizen-, Kastanien- oder Buchweizenmehl nehmen.

2. Mango-Pudding

500 ml Mangosaft
80g Hirse
¼ TL Cardamom
¼ TL Vanille
20 g (ca. 2 bis 3 Esslöffel) Süßmittel z. B. Agavendicksaft oder Birkenzucker
2 bis 3 reife Bananen
Den Mangosaft aufkochen lassen, die Hirse einrühren, Gewürze, Süßmittel dazugeben. Alles 15 min auf kleiner Stufe köcheln lassen. Die kleingeschnittenen Bananen dazugeben und nochmal 5 min köcheln lassen.

Flüssigkeit	Mehl	Süßmittel	Konsistenz	Gewürze
500 ml Reismilch	25 g Puddingpulver oder ca. 30 g von einem feingemahlenen Mehl, z. B. Reismehl, Hirsemehl	Reissirup oder Rohrohrzucker, Birkenzucker, wenn wir es weiß möchten. Stevia gibt es auch in weiß. Agavendicksaft, wenn uns die Farbe passt, zwischen 4 und 8 EL	dünn	⅛ TL Kurkuma ¼ TL Kardamom ⅛ TL Ingwerpulver
500 ml Reismilch	50 g Puddingpulver		dick	
500 ml Saft	25 g Puddingpulver oder ca. 30 g von einem feingemahlenen Mehl, z. B. Reismehl, Hirsemehl	Du kannst die oben erwähnten Süßmittel nehmen oder je nach Saft z. B. Rübenkraut, Palmzucker, Gerstensirup. Die Menge der Süßmittel hängt davon ab, wie sauer der Saft ist.	dünn	Je nach Saft passen oft Kardamom oder etwas Ingwer dazu. Zu Apfel- oder Birnensaft passt auch ein ¼ TL Zimt
500 ml Saft	50 g Puddingpulver		dick	
500 ml Hafermilch	Verhält sich wie Reismilch			

500 ml Mandel-milch	Gekaufte Mandelmilch kannst du wie Reismilch verwenden.	Reissirup oder Rohrohrzucker, Birkenzucker, wenn du es weiß magst. Agaven-dicksaft, wenn dir die Farbe passt.		
500 ml Milch*	Verhält sich wie Reismilch			

* von glücklichen, handgemolkenen Kühen, deren Kälber bei ihnen bleiben dürfen.

Meine Mutti lässt ihre Puddings erkalten, schlägt Sahne und rührt die Sahne vorsichtig unter den Pudding. Sojamilch-Sahne lässt sich auch schlagen.

Reismilch-Süßspeise

400 ml Reismilch
¼ TL Kardamom (oder Vanillepulver)
¼ TL Ingwerpulver
aufkochen lassen.
Dann 50 g Reismehl oder Puddingpulver in 100 ml Reismilch mischen und unter ständigem Rühren mit dem Schneebesen in die gekochte Reismilch geben.
3–4 EL Agavendicksaft, Reissirup oder etwas Rohrohrzucker dazugeben.
Alles noch einmal aufkochen lassen, den Herd ausstellen und noch ein paar Minuten nachquellen lassen. Sollte es zu dick sein, noch etwas Reismilch nachgießen.
Anstatt Reismilch kannst du auch normale Milch (von glücklichen Kühen), Mandel-, Hafer- oder Sojamilch nehmen, auch Dinkel-, Weizen-, Kastanien- oder Buchweizenmehl.

Wildkräuter-Cocktails
Smoothies süß oder herzhaft

Es gibt inzwischen einige Bücher über Smoothies mit vielen tollen Rezepten und Anregungen, z. B. Dr. Switzers „Heilkräftige Wildkräuter-Vitalkost-Rezepte“ oder Victoria Boutenko „Grüne Smoothies“. Aber hier nochmal die Grundidee:

Grundidee für süße Cocktails

Nimm deine Lieblingswildkräuter oder die vom Heiler empfohlenen.
Eingeweichte Trockenfrüchte z. B. Datteln, Rosinen, Aprikosen, Pflaumen oder Feigen.
Obst z. B. Äpfel, Birnen, Bananen, Pfirsiche, Beeren, oder was die Saison an Früchten zu bieten hat.
Einen Schuss Öl. Sonnenblumen-, Kokosnuss-, Nuss- oder Sesamöl.
Gewürze wie Kardamom, Zimt oder Ingwer können auch nach Geschmack verwendet werden,
ebenso eingeweichte Nüsse oder Samen.
Dann alles in einem Mixer mit etwas Wasser oder auch Obstsaft ca. 30 bis 60 Sekunden gut vermixen.
Je besser und schneller der Mixer, umso feiner wird der Cocktail und umso besser wird er vom Körper und den Zellen aufgenommen. Es lohnt sich auf jeden Fall, einen guten, kraftvollen Mixer mit 28000 Umdrehungen zu haben. Die Wildkräuter-Gurus legen darauf großen Wert. Wenn du einen dünnen Cocktail möchtest, ist es gut, erst ein bisschen Wasser zu nehmen, mixen, dann den Rest und nochmal kurz mixen.

Grundidee für herzhafte Cocktails

Nimm deine Lieblingswildkräuter oder die vom Heiler empfohlenen. Kräuter wie Koriander, Basilikum, Oregano, Petersilie, Salate oder weiche Kohlblätter. Gerade im Winter, wenn wir keine Wildkräuter finden, ist es gut, Grünkohl oder grüne Blätter aus dem Laden zu verwenden. Etwas Öl, z. B. Olivenöl, Rapsöl oder auch Leinsamenöl. Sprossen, z. B. Leinsamensprossen, Linsensprossen. Eingeweichte

Nüsse, etwas Senf, etwas Sojasoße, Zitrone, Zitronenschale.
Gewürze nach Geschmack, z. B. Ingwer, Meerrettich, Kreuzkümmel, etwas Salz – Zutaten, die wir gerne auch für unsere Lieblingssalate und Soßen verwenden.
Dann alles im Mixer mit Wasser oder Gemüsesaft gut mixen. Wie immer achten wir selbstrückbezogen auf das Wasso-dawa-Prinzip.

Weil hier mal eine Flasche 30-prozentiger Kirschschnaps gelandet war, habe ich manchmal einen Esslöffel davon in meine grünen Smoothies gemixt. Es hat gut geschmeckt, und es ist mir gut bekommen. Nur um nochmal zu betonen, dass alles erlaubt ist, wenn es dir gut bekommt und schmeckt und du dich von allen Dogmen und Konzepten befreit hast.

Ein Cocktail kann dünn als Getränk verwendet werden oder dick als Brotaufstrich und Eintopf-Beilage.

Backen

Wenn du mit dem Backen spielst, ist es gut zu wissen, welche Mehle kleben, zusammenhalten und dem Gebackenen Festigkeit geben. Es gibt auch Mehle, die das gar nicht unterstützen. So können wir diese Komponenten mischen. Mit einer Mühle können wir alle unsere Getreide- und Hülsenfrucht-Mehle selbst frisch mahlen. Außer Nussmehl, das machen wir im Mixer.

Je feiner das Mehl, umso besser ist die Festigkeit und desto besser hält unser Werk zusammen. Bioläden haben oft Mühlen und bieten den Mahlservice an, falls wir keine eigene Mühle haben. An Flüssigkeit nimmst du Wasser oder auch Reis-, Mandel-, Kuhmilch usw. Einweichflüssigkeit sollte so viel genommen werden, dass der Teig zähflüssig ist, nicht zu dünn.

Für Leute, die fettarm leben, ist es gut zu wissen, dass bei 150 Grad kaum etwas anbrennt, wenn es nicht viel länger als 40 min gebacken wird. Aber es kann trotzdem auch noch Backpapier statt Fett benutzt werden.

klebend:	**lösend:**
Buchweizenmehl (glutenfrei)	Öl im Teig
Reismehl (glutenfrei)	
Dinkelmehl	
Weizenmehl Tapiokamehl (glutenfrei) Hülsenfrucht-Mehl (glutenfrei)	Nussmehle (glutenfrei) Hirsemehl (glutenfrei)

Wildkräuterkuchen

Alle Mengenangaben sind für kleine, runde Kuchenformen von etwa 20 cm Durchmesser. 20-cm-Rezept umrechnen auf:
16 cm, Umrechnungszahl = 0,63
18 cm, Umrechnungszahl = 0,80
22 cm, Umrechnungszahl = 1,20
24 cm, Umrechnungszahl = 1,44
26 cm, Umrechnungszahl = 1,69
28 cm, Umrechnungszahl = 1,96

Variante 1

250 g Buchweizenmehl einige Stunden einweichen (muss nicht unbedingt sein, wird dann aber weicher und leichter verdaulich)
50 g Wildkräuter (Brennnesseln oder Löwenzahn usw., halt die Kräuter, die gut für dich sind)
50 g Datteln (oder andere Trockenfrüchte)
½ TL Stevia
¼ TL Zimt
¼ TL Kardamom
⅛ TL Ingwerpulver
½ TL Vanillepulver
10 g Backpulver
Wenn einige der Gewürze fehlen, macht es nichts, und an Stelle von Stevia kannst du auch 1–3 TL Zucker oder Agavendicksaft nehmen.
Erst die Datteln und Wildkräuter fein pürieren. Alles zusammen mit dem Mehl, Backpulver und den Gewürzen gut verrühren. Der Teig sollte zähflüssig sein. Alles auf ein Blech mit Backpapier geben und 30 bis 40 min bei 150 Grad backen.

Variante 2

Folge Variante 1, nimm nur noch anderes Mehl dazu:
175 g Buchweizenmehl und 75 g Hirsemehl

Variante 3

Folge Variante 1, nimm nur noch anderes Mehl dazu:

175 g Reismehl
75 g Kichererbsenmehl

Variante 4

(mit glutenhaltigem Mehl. Alle anderen Varianten sind glutenfrei).
Folge Variante 1, nimm nur noch anderes Mehl dazu:
150 g Dinkelmehl weiß
100 g Dinkelvollkornmehl

Variante 5

Allen Schritte folgen wie in Variante 1.
Folgende Zutaten am Ende unter den Teig mischen:
50 g Butter oder Sonnenblumenöl
30 g gemahlene Nüsse (Mandeln, Haselnüsse oder Kokosflocken)
Alles gut verrühren, den zähen Teig auf dem Blech verteilen und mit klein geschnittenem Obst belegen.
Dies geht auch mit den Varianten zwei, drei und vier.

Dinkel-Nuss-Plätzchen

150 g Dinkel- oder Weizenmehl
50 g Kartoffelstärke
100 g Vollrohrzucker
50 g gehackte Mandeln oder Nüsse
½ TL Weinstein-Backpulver
½ TL Zimt
½ TL Kardamom
½ TL Ingwerpulver
1 TL Süßholzpulver
150 ml Sonnenblumenöl oder Sesamöl
50 ml Wasser
Alles mischen zu 5 bis 8 mm dicken Scheiben oder Sternen formen und 10–15 min bei 200 g backen.

Kichererbsenmehl-Kekse

400 g Kichererbsenmehl (oder Reismehl)
400 g Hirsemehl

200 g Rohrohrzucker
200 g Ceshewkernbruch (oder andere gehackte Nüsse)
200 ml Sesamöl (Sonnenblumenöl oder Kokosfett flüssig)
1 TL Vanillepulver (und/oder Zimt)
Alles mischen und dann so viel Reismilch oder Wasser dazugeben, bis es ein zäher Rührteig ist.
Dann 2 bis 24 Stunden ruhen lassen. Das kannst du machen, damit es leichter verdaulich wird.
Vor dem Backen 40 g Weinstein-Backpulver unterrühren.
Auf einem gefettetem Blech bei 180 Grad ca. 15 min backen, bis die Kekse goldbraun sind.

Reismehlkuchen

250 g Reismehl. Probiere das Rezept auch mit Buchweizen- oder Teffmehl (Zwerhirse)
150 g gehackte Datteln
3 TL Kakao
2 TL geriebene Orangenschalen
1 Birne, Apfel oder Orangenschale
ca. 200 ml Wasser, der Teig sollte zähflüssig sein
20 Minuten ruhen lassen, wenn du Zeit hast
20 g Weinstein-Backpulver nach dem Ruhen einrühren
In eine Backform geben, die so klein ist, dass der Teig 2 cm hoch wird, und dann ca. 35 min bei 180 Grad backen.

Variante 1

150 g Rosinen oder andere gehackte Trockenfrüchte
2 TL geriebene Zitronenschalen
20 g Brennnesselsamen (oder Leinsamen, oder Chiasamen)

Reisbrot

500 g Reismehl (probiere das Rezept auch mit Buchweizen oder Teffmehl)
20 g Brennesselsamen (oder Leinsamen, oder Chiasamen)
100 g gehackte Walnüsse
1 TL Salz
2 TL Kreuzkümmel
2 TL Fenchelsamen
ca. 400 ml Wasser, der Teig sollte zähflüssig sein
20 min ruhen lassen, wenn du Zeit hast
20 g Weinstein-Backpulver nach dem Ruhen einrühren
In eine Backform geben, die so klein ist, dass der Teig 2 cm hoch wird, und dann ca. 35 min bei 180 Grad backen.

Variante 1

Wein anstatt Wasser

Variante 2

Milch anstatt Wasser

Variante 3

30 ml Öl oder Fett und so viel Wasser, bis der Teig zähflüssig ist

Variante 4

Gemüsebrühe anstatt Salz

Variante 5

3 TL Curry anstatt der Gewürze

Dinkelpizza

200 g Dinkelmehl 630iger
20 ml Olivenöl oder was so da war, z. B. Sonnenblumenöl
120 ml Wasser
½ TL Salz

Wenn du willst, kannst du den Teig auch würzen mit z. B. Kräutern, Pfeffer oder Kurkuma (davon wird der Teig gelb).
Ein bis zwei Stunden ruhen lassen, wenn du Zeit hast. Dann mit 10 g Weinstein-Backpulver gut durchkneten. Auf einer geölten 25er Form ausrollen.
ca. 200 g grob geriebene Zucchini
eine mittelgroße Zwiebel in kleinen Würfeln
eine Tomate in Scheiben oder ein TL Tomatenmark
Alles auf dem Teig verteilen.
20 min bei 180 Grad im vorgeheizten Backofen backen.
Dann 100 g geriebenen mittelalten Käse auf der Pizza verteilen.
Weitere 10 min backen.

Brot

300 g Vollkornmehl: Dinkel- oder Weizenmehl
2 TL Currypulver
1 TL Salz, am besten Ursteinsalz
15 g Weinstein-Backpulver
200 ml Wasser
80 ml Olivenöl, Sesam- oder dein Lieblingsöl
100 g Sonnenblumenkerne
Alles gut mischen und dann Wasser und Öl dazugeben.
Auf ein Blech geben und so verteilen, dass der Teig 2–3 cm dick wird. Wenn Zeit da ist, eine Stunde ruhen lassen. Die Sonnenblumenkerne darüber streuen. Dann bei 180 Grad 30 min backen.

1. Hirse-Reismehl-Obstkuchen (fettfrei)

250 g Hirsemehl
250 g Reismehl
100 g Rosinen
über Nacht einweichen
20 g Bio-Backpulver
Zimt, Kardamom, Ingwer nach Geschmack, ca. ¼ TL pro Gewürz
200 g reife, kleingeschnittene Bananen (oder Äpfel, Birnen, Pflaumen)
Wenn Stevia da ist, kann ½ TL hinzugefügt werden.

Es kann noch mit 3–6 EL Agavendicksaft gesüßt werden, je nachdem, wie süß du es magst. So viel Wasser dazurühren, bis es einen zähflüssigen Teig gibt. Alles gut verrühren.
Backpapier in Springform legen und den Teig darin verteilen,
30 bis 40 min bei 150 Grad backen.

2. Hirse-Reismehl-Obstkuchen (mit Fett)

Zu Beispiel 1 Folgendes hinzufügen:
In den Teig entweder 80 ml Sonnenblumenöl, Sesamöl oder flüssiges Ghee verrühren. Wenn du Fett benutzt, kann auch die Springform gefettet werden, dann ist das Backpapier nicht mehr nötig. 50 bis 80 g gehackte Nüsse können noch in den Teig gerührt werden. Damit wird der Kuchen aber etwas krümeliger.

3. Buchweizen-Wildkräuterbrot

250 g Buchweizenmehl (über Nacht einweichen)
50 g Wildkräuter (Brennnesseln, Löwenzahn usw., halt die Kräuter, die gut für dich sind)
im Mixer mit etwas Wasser fein pürieren
¼ TL Salz
Gewürze nach Geschmack, z. B Basilikum, Oregano, oder auch Curry oder andere Lieblingsgewürze
10 g Backpulver
Alles zusammen mit dem Handmixer gut verrühren.
Der Teig sollte zähflüssig sein. Alles auf ein Blech mit Backpapier geben und 30 min bei 150 Grad backen.

4. Buchweizenbrot

500 g Buchweizenmehl (wenn das Mehl grob ist, besser einen Tag einweichen)
so viel Wasser, dass der Teig sehr zähflüssig wird
20 g Weinstein-Backpulver
Alles mischen, auf ein Blech geben, das Blech fetten oder Backpapier benutzen. Der Teig sollte ca. 2–3 cm hoch sein. Dann 30 min bei 180 Grad backen (Bei rundem Blech mit ca. 20 cm Durchmesser).
Dasselbe geht auch mit Reismehl, oder probier auch andere Mehle.

5. Pizza

Das beschriebene Brot in Beispiel 3 kannst du auch mit schnell garendem Gemüse belegen, wie Zucchini, Gurken, Zwiebeln und natürlich Tomaten. Andere Gemüse solltest du extra vorkochen. Darüber kannst du dann eine dicke Tomatensoße verteilen. Andere Soßen kannst du auch ausprobieren, wenn sie dick genug sind, z. B. Soßen aus Nusspasten. Und die Käsefreunde können natürlich geriebenen Käse drüberstreuen.

Pfannkuchen, Puffer und indische Dosas

Die richtige Pfanne ist das Wichtigste, Am besten ist eine Pfanne aus Gusseisen. Teflon oder Aluminiumpfannen funktionieren auch gut, haben aber Nebenwirkungen auf unseren Körper.
Das Mehl sollte sehr fein sein, damit der Pfannkuchen zusammenhält. Buchweizenmehl, Reismehl, Weizenmehl oder Dinkelmehl eignen sich gut. Aber auch feine Hülsenfrucht-Mehle können gut halten wie Kichererbsenmehl oder das Mehl von geschälten Mungbohnen. Mit etwas Backpulver werden sie schön locker. Hefe ist auch möglich.
Probier auch mal dieselben Rezepte im Waffeleisen.
Je dünner der Teig, desto dünner werden auch die Pfannkuchen. Ist halt alles Geschmacksache.
Wenn der Teig dick ist, würde ich dazu dann Puffer sagen.

Buchweizen-Pfannkuchen, Basisrezept

100 g Buchweizenmehl fein gemahlen (wenn das Mehl gröber ist: einweichen). Dann Wasser dazugeben, bis der Teig zähflüssig ist. Auf 100 g Mehl ¼ TL Backpulver und ¼ TL Ursteinsalz oder Schwarzsalz unterrühren. Wenn du möchtest, kannst du auch noch Curry oder dein Churna mit beimengen (siehe Gewürzmischungen). In den Teig können auch fein geschnittene Wildkräuter gemischt werden.
Ghee oder Kokosfett in der Pfanne erhitzen und den Teig zu Fladen ausbraten.

Variante 1

Dasselbe Rezept mit Reismehl, Weizenmehl oder Dinkelmehl.

Variante 2

Mehle mischen, z. B. halb Reis-, halb Kichererbsenmehl.

Variante 3

Statt Backpulver kohlensäurehaltiges Mineralwasser oder Bier.

Kichererbsenmehl-Pfannkuchen

Das Mehl für einige Stunden oder länger in Wasser einweichen. Etwas Salz, würzen nach Geschmack. Je dünner der Teig, desto dünner der Pfannkuchen.
Ghee oder Kokosfett in der Pfanne erhitzen. Einige Esslöffel vom flüssigen Teig dazugeben. Jede Seite bei mittlerer Hitze ein bis drei Minuten ausbacken.

Fermentierte Pfannkuchen

Du kannst z. B. Reis, Vollreis, Buchweizen, Mung-Dal ca. 24 Stunden einweichen. Mit einem Mixer ganz fein mixen. Dann, wenn du möchtest, für weitere 24 Stunden fermentieren lassen. Oder direkt nach dem Mixen den Teig nach Belieben würzen und zu Pfannkuchen schmoren.

Variante 1

Der indische Dosa ist eine Mischung aus zwei Teilen Vollreismehl und einem Teil geschälter Urad-Dal (Mung-Dal oder Kichererbsenmehl geht auch).
100 g Vollreis
50 g Dal
Einweichen, mixen, würzen, schmoren.

Kekse und Plätzchen

Du machst denselben Grund-Teig wie beim Kuchen. Aber er muss sehr zähflüssig sein. Kekse sind meistens gehaltvoller, deshalb mehr Fett, Öl oder Nüsse benutzen.

Beispiel 1

200 g Reismehl
100 g Hirsemehl
100 g gehackte Mandeln (gehackte Walnüsse oder Haselnüsse geht auch)
30 ml Sesamöl (Kokosöl oder Ghee geht auch)
50 ml Mandelmilch (Wasser, Reismilch oder eine andere Milch geht auch)
100 g gehackte Datteln (gehackte Feigen, Aprikosen geht auch)
20 g Backpulver
Mit einem Esslöffel Häufchen auf ein gefettetes Blech formen.
Alles ca. 15 bis 20 min bei 180 Grad backen. Die Plätzchen sollten leicht braun sein. Sie halten sich über Monate.

Beispiel 2

300 g Vollkornreismehl verwenden
Dann alles so machen, wie in Beispiel 1.

Beispiel 3

300 g Kichererbsenmehl verwenden
Dann alles so machen, wie in Beispiel 1.

Beispiel 4

200 g Buchweizenmehl
100 g Amarantmehl

Hirsebeißer

400 g Kichererbsenmehl (oder Reismehl)
400 g Hirsemehl
200 g Rohrohrzucker
200 g Cashewkernbruch (oder andere gehackte Nüsse)
200 ml Sesamöl (oder Sonnenblumenöl oder Kokosfett flüssig)
1 TL Vanillepulver (und/oder Zimt)
Alles mischen und dann so viel Reismilch oder Wasser dazugeben, bis es ein zäher Rührteig ist.
Dann 2–24 Stunden ruhen lassen, damit es leichter verdaulich wird.
Vor dem Backen 40 g Weinstein-Backpulver unterrühren. Auf einem gefettetem Blech bei 180 Grad ca. 15 min backen, bis die Kekse goldbraun sind.

Gewürzmischungen

Es ist sehr praktisch, mit Gewürzmischungen zu arbeiten, z. B. mit Curry oder Vata-, Pitta-, Kapha-Churnas. Wenn du deine eigene Mischung kreierst, berücksichtige die Empfehlung des Vaidyas (Ayurveda-Arzt) und was dir schmeckt.

Mein persönliches Curry

Beispiel 1: Bahushi-Curry (alles gemahlene Gewürze)

1 TL Koriander, 1 TL Kreuzkümmel, ½ TL Fenchelsamen, ½ TL Ingwerpulver, ¼ TL Muskat, ¼ TL Kurkuma, ¼ TL Zimt, ¼ TL Bockshornkleesamen, ¼ TL Asafoetida (auch unter dem Namen Hing bekannt, gibt es in Asienläden. Wenn du es bekommst, kannst du davon noch einen halben Teelöffel dazugeben).
Wenn du es scharf magst, kannst du zu dieser Mischung noch ½ TL schwarzen Pfeffer oder ¼ TL Chili oder ¼ TL Nelkenpulver geben.

Beispiel 2: Bahushi-Curry geröstet

Alle oben genannten Gewürze trocken in einer Pfanne rösten. Dann abfüllen und verschließen.

Beispiel 3: Eine Mischung für Süßspeisen

1 TL Kardamom
1 TL Zimt
½ TL Ingwer
Alles mischen und abfüllen. Je nach Geschmack noch ¼ TL Muskatnuss oder ¼ TL Koriander dazugeben.

Beispiel 4: Ganziganzi

1 EL schwarze Senfsamen
1 EL Kreuzkümmel
½ EL Bockshornkleesamen
½ EL Fenchelsamen (alles ganze Samen)

Eintopf in Thermogefäß oder Kochkiste

Für die sehr Aktiven, die gerne Frischgekochtes essen.

Schnell garendes Gemüse wie Zucchini, Tomaten, Mangold, Gurken mit Reis, Hirse, Quinoa oder Buchweizen in reichlich Wasser 3 bis 5 min kochen. Vorher noch etwas Salz, Kräuter oder ein Curry dazugeben. Oder Gemüsebrühe nehmen, dann aber weniger Salz benutzen, weil in der Brühe schon Salz ist. Alles in den Thermotopf. Morgens gemacht, ist es spätestens zum Mittag gut. Direkt vor dem Essen kannst du noch etwas frischen Zitronensaft, Pesto oder dein Lieblingsöl hinzufügen.

Beispiel 1 für eine Person

½ TL Curry, ¼ TL Salz, 50 g Reis, 50–100 g gewürfelte Zucchini. Fünf Minuten mit 250 ml (dann wird es dick) oder 400 ml (dann wird es dünn) Wasser kochen. Alles heiß in ein Thermosgefäß füllen. Nach ein bis zwei Stunden ist es gut.

Beispiel 2

Für Gemüse, das länger zum Garen braucht, wie Möhren, Rote Beete, Blumenkohl …
½ TL Gemüsebrühe, etwas Salz, 50 g Buchweizen, 50–100 g Blumenkohl. Zehn Minuten mit 250 ml (dann wird es dick) oder 400 ml (dann wird es dünn) Wasser kochen. Alles heiß in ein Thermosgefäß füllen. Nach 1–2 Stunden ist es gut.

Beispiel 3

Bei Hülsenfrüchten beachten, dass sie lange kochen müssen, außer geschälte rote Linsen oder geschälte gelbe Mungbohnen.
z. B. ½ TL Curry, ¼ TL Salz, 30 g Linsen, 30 g Reis, 50–100 g Selleriewurzel gewürfelt. Alles 10–15 min Kochen, dann abfüllen. Nach 1–2 Stunden kannst du es genießen.

Sprossen

Du kannst auch Sprossen verwenden, wenn du Hülsenfrüchte brauchst, aber am Morgen nur wenig Zeit hast zu kochen. Sprossen kannst du nur aus ungeschälten Hülsenfrüchten machen. Oder aus ganzen Getreiden oder Samen wie Leinsamen oder Sesam. Bei den Samen aufpassen, da sie zum Keimen andere Voraussetzungen brauchen, denn sie können schnell schimmeln. Hülsenfrüchte- und Getreidesprossen so machen, wie unten angegeben.

Z. B. 50 g ganze Mungbohnen eine Nacht einweichen. Am nächsten Tag alles Wasser entfernen, spülen und noch ein bis zwei Tage warten. Solltest du zwei Tage warten, spülst du sie am zweiten Tag noch einmal, damit sie feucht bleiben, aber nicht im Wasser stehen.
Dann mit z. B. ½ TL Gemüsebrühe, ¼ TL Salz, 5 min kochen (Rohköstler essen die natürlich roh).

Pestos, Aufstriche und herzhafte Beilagen

Ich empfehle Folgendes: Du nimmst dein Lieblingsöl, Lieblingsgewürze und Lieblingsnüsse, alles pürieren, fertig. Nach einigen Tagen, wenn die Gewürze schön durchgezogen sind, schmeckt es noch besser. Wenn du trockene Gewürze nimmst, hält sich das Ganze viele Monate.
Mit frischen Kräutern kommt es auf das Verhältnis zwischen Kräutern, Öl und Salz an. Salz und Öl konservieren. Mit viel Salz und Öl und wenigen Kräutern kann sich das Ganze drei Monate und länger halten. Bei viel frischen Kräutern und wenig Salz und Öl bleibt es nur Wochen haltbar.

Beispiel 1: Nussmus für ein volles 500 ml Glas

80 g Cashew
80 g Sonnenblumenkerne trocken leicht anrösten (aufpassen: brennt schnell an!)
½ TL Salz
1 TL Currypulver
Alles in das Glas füllen und dann Sonnenblumenöl oder Sesamöl dazugeben. Je dunkler das Öl, desto nussiger schmeckt es). So viel Öl, dass die Nüsse nicht mit Öl bedeckt sind. Ich habe Sesamöl benutzt und Asafoetida.
Den Pürierstab vorsichtig in das Glas drücken und unter Bewegung zu einem Mus pürieren. Nach drei bis vier Tagen entfaltet sich das Curryaroma erst richtig.

Beispiel 2: Das bekannteste Pesto:

Olivenöl
frische Basilikumblätter (ca. eine Handvoll)
80 g Pinienkerne (können vorher geröstet werden)
½ TL Salz
Nichtveganer streuen natürlich ca. 20 bis 40 g Parmesankäse darüber.

Beispiel 3: Brennessel-Pesto

Zwei bis drei Hände Brennnesseln
ca. 100-150 ml Kürbiskernöl (oder Sonnenblumen- oder Olivenöl)
100 g Walnüsse (wenn du magst, auch rösten)
½ TL Salz
½ TL Pfeffer
Alles bis auf die Nüsse in ein Glas drücken, in das dein Pürierstab passt, und fein pürieren.
Nüsse reinpürieren, oder du lässt sie ganz.

Beispiel 4: Winter-Pesto

50 g Lauch
50 g Grünkohl
180 ml Olivenöl
50 g Nüsse (z. B. Sonnenblumenkerne oder Cashewnüsse)
Die Nüsse rösten, wenn du willst, dann haben sie noch ein ganz anderes Aroma.
½ TL Salz
Alles im Mixer gut mixen und abfüllen. Im Kühlschrank mindestens einen Monat haltbar. Ich habe auch schon gehört, dass Leute solche Pestos noch länger aufgehoben haben, bis zu einem Jahr.

Variante

½ TL Oregano, ½ TL Thymian, 2 TL Tomatenmark, ½ TL Rohrohrzucker oder Agavendicksaft. Alles mit den oben genannten Zutaten gut mixen.

Radieschen-Aufstrich

80 g Radieschen
20 g Zwiebel oder 10 g Knoblauch
80 ml Olivenöl
½ TL Salz
½ TL Kurkuma
1 Tl. Rübenkraut
50 g Walnüsse

Nimm ein Schraubglas, in das dein Pürierstab passt. Schneide die Zwiebel klein, gib sie in das Glas mit allen anderen Zutaten. Dann fange an, alles mit dem Stab zu pürieren, bis alles schön cremig ist. Das Glas schließen.

Rucola-Aufstrich

1 Bund Rucola
80 g eingeweichte Rosinen oder Korinthen
1 TL geriebene Zitrone
1 Apfel
1 EL Agavendicksaft oder Süßmittel deiner Wahl
Nimm ein Schraubglas, in das ein Pürierstab passt.
Gib alles in das Glas. Dann fange an, alles mit dem Stab zu pürieren, bis es schön cremig ist.

Variante:

Ein Bund frischen Koriander oder Petersilie
andere Trockenfrüchte ((eingeweicht oder nicht??))
kein Süßmittel, sondern
¼ TL Schwarzsalz
¼ TL Pfeffer

Tomaten-Aufstrich

160 g frische Tomaten (oder 100 g Tomatenmark, dann hält es noch länger)
40 g Oregano und/oder 40 g Basilikum, 20 g Thymian
Das Ganze schmeckt noch besser, wenn du frische Kräuter hast (Hält dann nicht so lange).
100 g Pinienkerne (oder Cashewkerne oder Mandeln)
1 TL Agavendicksaft (oder ein Süßmittel deiner Wahl)
1 TL Salz (oder Brühe, oder Schwarzsalz)

Zitronen-Zwiebel-Pesto

½ Zitrone
1 Zwiebel

½ TL Zimt
½ TL Pfeffer
1 TL frischer Ingwer, geraspelt oder gehackt
Sesamöl ca. 100 ml oder das Glas halb füllen
½ TL Zucker oder eine weiche Dattel
Alle Zutaten in ein Glas geben, in das dein Pürierstab passt, und alles fein pürieren.

Zwiebel-Brotaufstrich

1 mittelgroße Zwiebel
3 Tl. Kürbiskerne
1 EL Gemüsebrühe oder deine Currymischung mit ½ TL Salz
ca. 120 ml Sonnenblumenöl
1 Chilischote, wenn du es scharf magst
Nimm ein Schraubglas, in das ein Pürierstab passt. Schneide die Zwiebel klein, gib sie in das Glas mit allen anderen Zutaten. Dann fange an, alles mit dem Stab zu pürieren, bis es schön cremig ist. Das Glas schließen.
Probiere dasselbe auch mal mit Knoblauch, dann aber mit weniger Öl.
Wenn ich größere Mengen zubereite, mache ich die Gläser so voll, dass kaum noch Luft drin ist. Dann halten sie sogar über Monate.

Aufstriche süß

Obst der Saison
Öl oder Fett (was schmeckt und dir gut tut)
Süßmittel (was schmeckt und dir gut tut)
Vielleicht ein paar Nüsse oder Samen
Alles pürieren, fertig.

Aufstriche herzhaft

Gemüse oder Kräuter der Saison
Öl oder Fett (was schmeckt und dir gut tut)
Gewürze (was schmeckt und dir gut tut)
Vielleicht ein paar Nüsse oder Samen
Alles pürieren, fertig.

Chutney

Ein Chutney ist eine scharfe, süße, manchmal auch saure Beilage zu Getreide oder auch Brot.

Apfelchutney

1 kg Äpfel, säuerlich
100 g Zwiebel(n)
1 TL Ingwerpulver
150 g Rosinen, gewaschen
2 EL Senfkörner
1 TL Salz
¼ TL Cayennepfeffer
100–200 g Zucker (Kandis) braun, oder Rohrohrzucker

Äpfel vierteln, entkernen und in Scheiben schneiden. Zwiebeln fein würfeln.
Alle Zutaten in einen Kochtopf geben und unter ständigem Rühren 30–40 Minuten dick einkochen lassen.
Kalt oder warm servieren oder in saubere, vorgewärmte Gläser füllen und noch heiß verschließen.
Probiere das Rezept mal mit Pflaumen oder Rhabarber.

Bananenchutney

4 reife Bananen
100 g frischen geriebenen Ingwer (oder 2 TL Ingwerpulver)
½ TL Chilipfeffer
Wenn du es süßer möchtest, noch 2 TL Rohrohrzucker

Bananen kleinschneiden
Alle Zutaten in einen Kochtopf geben und unter ständigem Rühren einkochen lassen, bis das Wasser verkocht ist. Dauert ca. 10 min.

Ingwer-Birnen-Chutney

50 g Ingwer
200 g Birnen
Kochfett oder Ghee (Butterschmalz)

Ingwer kleinraspeln, Birne in ca. 1 cm große Stücke schneiden.

Alles bei geschlossenem Deckel, bei wenig Hitze ca. 30 min schmoren, bis es dickflüssig ist.
Wenn du es scharf magst, 1/4 TL Chilipulver dazugeben. Kalt oder warm servieren.
Kann auch ohne Ingwer schmecken.

Salat

Blattsalat, Feldsalat, Chinakohl, geraspelte Zucchini, geraspelte Möhren oder Chicorée kannst du als Grundlage für rohe Salate nehmen. Kartoffeln, Sellerie, Rote Beete oder Weißkohl kannst du als Grundlage für gekochte Salate nehmen.

Peters Salatsoßen-Prinzip

Lieblingsöl, z. B. Olivenöl, Rapsöl, Sonnenblumenöl …
etwas Saures: Balsamico, Zitrone, Apfelessig, normalen Essig
Gewürze: Salz, Pfeffer, Ingwer, Zwiebeln, Knoblauch, Senf
Milchprodukte: Sahne, Schmand, Saure Sahne …
Mayonnaise
Alles gut verrühren, am besten mit dem Schneebesen, und dann unter den Salat geben.
Mengen-Verhältnis für ungefähr 100 g Salat

Beispiel 1

3 EL Öl, 1 EL Essig, ½ TL Salz, ¼ TL Pfeffer, halbe mittelgroße Zwiebel feingehackt

Beispiel 2

3 EL Öl, 1 EL Essig, ½ TL Salz, ¼ TL Pfeffer, eine Knoblauchzehe fein gehackt, 1 TL Senf

Beispiel 3

3 EL Öl, 1 EL Essig, ½ TL Salz, 3 EL Sahne, 1 TL Rohrohrzucker oder Rübenkraut

Beispiel 4

3 EL Öl, 3 TL Saure Sahne, ½ TL Salz, 1 TL scharfer Senf

Reginas bunter Salat

Man nehme eine ausreichend große Glasschüssel und wähle aus nach dem Wasso-dawa-Prinzip:
2 EL Agavendicksaft, wahlweise Ahornsirup
½ EL Tahin, wahlweise Mandelmus oder Kokosmus
1 TL Braunhirse
1 TL Lupinenmehl
1 TL Kastanienmehl
1 TL Kokosmehl
1 EL Olivenöl, wahlweise Sonnenblumenöl, wenig Leinöl oder andere Öle
Gewürzkräuter: z. B. Petersilie, Minze, Zitronenmelisse, Brennnessel, Löwenzahn – Blätter und -blüten, Gänseblümchen, Gänsefingerkraut, Brunnenkresse, Rosmarin, Thymian, Lavendel, Majoran, Oregano, Kräuter der Provence, Fenchelgrün, Brennnesselsamen, Kresse, usw.
ayurvedisches Vata-Churna nach Geschmack
1 Msp Wermutpulver
2–3 EL Saft, wahlweise 2-3 EL Naturjoghurt
Zitronensaft je nach Menge und Geschmack
½ TL Senf
Nach Geschmack einen kleinen Apfel reiben oder eine Tomate kleinschneiden oder eine halbe oder ganze Avocado zerdrückt oder kleingeschnitten dazugeben.
Je nach Jahreszeit Radieschen, Rettich o. ä. dranreiben
Nach Geschmack Feta-Käse oder Mozzarella klein würfeln oder eine andere Käsesorte reiben oder klein würfeln (oder Joghurt, nicht beides gleichzeitig)
Rucola in mäßiger Menge verwenden
Sprossen verschiedener Art
Verschiedene Sorten Salatblätter gut waschen und kleinschneiden.
Nach Geschmack Gemüsereste kleinreiben oder kleinschneiden.
Im Frühjahr unbedingt Scharbockskraut hinzufügen!
Alle Zutaten gut vermischen, und dann

GUTEN APPETIT!

Suppen

Pro Person 50 bis 100 g Gemüse und 100 bis 200 ml Wasser

Variante 1

Du nimmst so viel Wasser, bis das Gemüse gut bedeckt ist. Du gibst nach Belieben Gewürze dazu, oder fertige Mischungen wie Gemüsebrühe, Curry oder Vata-, Pitta- oder Kapha-Churna, ca. ¼ TL Salz pro Person und ¼ TL Curry. Du schneidest Gemüse klein und kochst es mit dem Wasser (siehe Gemüse-Garzeiten).

Variante 2

Du folgst allen Schritten wie in Variante 1, nimmst aber mehr Wasser. Am Ende des Kochvorganges nimmst du kaltes Wasser und Mehl, quirlst es gut und mischt alles unter ständigem Rühren mit dem Schneebesen unter die Suppe. Dann lässt du alles nochmal aufkochen. Als Mehl kannst du Kichererbsenmehl, Buchweizenmehl oder dein Lieblingsmehl verwenden.

Variante 3

Du nimmst so viel Wasser, bis das Gemüse gut bedeckt ist. Du gibst nach Belieben Gewürze oder fertige Mischungen dazu, danach ganzes Gemüse. Das Gemüse lässt du ganz, um Zeit zu sparen. Am Ende des Kochvorganges pürierst du alles mit dem Pürierstab oder dem Mixer.

Variante 4

Alle Suppen kannst du am Ende noch mit etwas Zitrone, Rübenkraut oder Salz abschmecken. Damit du runde Suppen zauberst, kannst du darauf achten, dass alle Geschmacksrichtungen vertreten sind. So schneide ich gerne mal etwas unreifes, saures Obst z. B. Pflaume oder Apfel in die Suppe. Ist sie zu sauer geworden, gleichst du sie mit etwas süßem wie Rübenkraut oder Rohrohrzucker aus. Frische, kleingeschnittene Kräuter gibst du besser am Ende in die Suppen. Bei einer Tomatensuppe ist es wichtig, dass du sie irgendwie süßt.

Variante 5

Folge Variante 1 oder 2. Am Ende des Kochvorganges nimmst du einen Becher Suppe und gibst einen Schluck Olivenöl (oder dein Lieblingsöl oder was dir vom Vaidya empfohlen wurde) dazu, pürierst es und rührst alles wieder unter die Suppe. Würdest du das Öl oder Fett einfach so in die Suppe gießen, dann würde es oben schwimmen.

Variante 6

Zuerst schneidest du Gemüse in würfelgroße Stücke. Dann gibst du Ghee oder Kokosfett in einen Topf und erhitzt es. Dazu gibst du das Gemüse und schmorst es bei geschlossenem Topf oder brätst es ohne Deckel auf dem Topf an. Gewürze wie Salz, Curry usw. gibst du ein paar Minuten vor dem Wasser dazu. Am Ende gießt du Wasser dazu, viel Wasser, wenn du es dünn magst, oder alles nur mit Wasser bedecken, wenn du es sämig magst. Das Ganze noch ca. 3–5 Minuten köcheln und dann genießen. Natürlich kannst du auch diese Suppe noch andicken wie in Variante 2 beschrieben oder du kannst die Suppe mit dem Pürierstab kurz anpürieren, sodass auch ganze Gemüsestücke zu finden sind.

1. Barbaras Rote-Beete-Suppe

(Für ein bis zwei Personen)
Eine mittelgroße Rübe schälen und in Scheiben schneiden.
4 bis 5 Feigen
500 ml Wasser
1 TL Gemüsebrühe
Alles auf mittlerer Stufe kochen, am Ende etwas Minze, Kardamom dazugeben und pürieren. Du kannst die Suppe noch mit Sahne oder etwas Nusspaste verfeinern.

Variante:

20 g Möhre
20 g Sellerie
½ TL Currypulver
Alles vor dem Kochen zu der Rote-Beete-Suppe dazugeben.

2.Wildkräutersuppe

Ca. 50 g Wildkräuter, die dir schmecken und gut tun
1 TL Gemüsebrühe
400 ml kochendes Wasser
100 ml Mandelmilch oder Sahne
Alles fein mixen, fertig.

Getränke

Pfeffer-Süßholz-Tee

eine Prise Pfeffer
¼ TL Süßholzpulver
auf eine Tasse kochendes Wasser
Mit Milch oder Sahne genießen.

Probiere deine eigenen Gewürzmischungen als Tee.
Indische Gewürze können oft 5–10 min gekocht werden, bis sie ihren vollen Geschmack entfalten. Unsere heimischen Kräuter meistens nur kurz mit heißem Wasser übergießen und ziehen lassen.

Kalte Getränke für den Sommer

Gib Gewürze oder Kräuter in kaltes Wasser und lasse sie einige Stunden ruhen. Du wirst überrascht sein, wie schnell das Wasser den Geschmack annimmt. Das kannst du auch einfach mit deinen Teebeuteln machen. Nach Belieben süßen und vielleicht mit Milch oder Sahne verfeinern.

Ghee (geklärtes Butterfett) selbst gemacht

Inzwischen kannst du Ghee in Bioläden kaufen. Es ist aber günstiger, es selbst zu machen.
Fülle 1 Kilo Butter in einen Topf. Bringe die Butter auf niedriger Hitze zum Sieden. Nach einiger Zeit bildet sich oben Schaum. Fange an, mit einem Schaumlöffel oder Sieb den Schaum abzuschöpfen. Wiederhole das so lange, bis du klar den Grund des Topfes siehst. Vorsicht, dass es nicht anbrennt. Am Grund des Topfes sind Rückstände zu sehen. Dann gieße die Flüssigkeit durch Filterpapier oder ein Tuch, sodass die Rückstände am Grund des Topfes bleiben.
Größere Mengen brauchen mehr Zeit. Es kommt halt auf die Größe des Topfes an. Drei Monate und länger haltbar.

* * *

Ayurveda heißt übersetzt: das Wissen vom Leben.
Bei Ayurveda müssen die meisten an Reis und indische Gewürze denken. Dabei ist es im Ayurveda sehr wichtig, regional und saisonal zu essen. Ayurveda kann uns helfen, unsere eigenen Bedürfnisse nach Vata, Pitta und Kapha neu zu entdecken und nach den Tages- und Jahreszeiten zu schwingen. Nach meinem Gefühl und Stoffwechsel ist es also eher im Einklang mit dem Ayurveda, das zu essen, was uns unsere Region zur jeweiligen Jahreszeit schenkt, anstatt Exotisches aus fernen Ländern.

Gute Bezugsquelle für Bio-Lebensmittel und Gewürze

Seyfried Naturwaren Versand
Tel.: +49 (0)5402-8138
Fax: +49 (0)5402-7430
E-Mail: naturwaren@seyfrieds.de
Post:
Seyfried Naturwaren
Am Berg 7
49143 Bissendorf

Ich freue mich über Erfahrungsberichte
Tel. 02942-9749483
E-Post: peter90000@t-online.de

Auf Anfrage verschicke ich die neuesten Auflagen gerne per E-Mail.

Danksagung

Ich danke meinem Zeichenlehrer Jan Müller und den wachsamen Korrekturlesern Wolfgang Möckel, Adrienne Schweiger und Wolfgang Schaufler für die sorgfältige Überarbeitung dieses Buches, und allen Mitarbeitern und Gästen des Gesundheitszentrums in Mönninghausen für die Hilfe und Inspiration für dieses Buch.

Dr. Drauf empfiehlt

Nie mehr essen, als mit aller Gewalt reingeht.
So ein Käse mit der Askese.
Lebe dein *Dharma*, sonst wird *Karma* zu *Ama*.*

**Dharma* = Berufung, *Karma* = Handeln, *Ama* = Schlacken im Körper

Kochen lernt man durch Kochen.

Elisabeth Simon, 17.01.2013

Glossar

Ama – Gifte und Schlacken, die durch falsche Ernährung und unzureichende Verdauung in Zellen und Gewebe entstehen und zu Krankheiten führen. Verdauungsfördernde Gewürze wie Ingwer, Anis, Fenchel, Kümmel, Koriander, Zimt, Nelken und schwarzer Pfeffer beugen *Ama* vor. Gewürze und Kräuter wie Ingwer, Gelbwurz, Basilikum und Bockshornkleesamen helfen *Ama* aufzulösen.

Amarant *(Amaranth, Fuchsschwanz)* – glutenfreies, nussig schmeckendes Pseudogetreide mit hohem Gehalt an Calcium, Magnesium, Eisen und Zink

Ayurveda (*sanskrit „Wissen vom Leben"*) – die traditionelle ganzheitliche Naturheilkunde Indiens

Asafoetida (*Teufelsdreck, Hing*) – getrocknetes Gummiharz des Asants, das vor allem in der indischen Küche als Ersatz für Zwiebel und Knoblauch – die von Yogis gemieden werden –verwendet wird

Balsamico – dunkelbrauner, aromatisch-süßsaurer Balsamessig aus dem eingekochten Most weißer Trauben

Basmati (*auf Hindi „duftend"*) – besonders aromatischer, langkörniger Reis vom Fuß des Himalaya, ursprünglich aus Afghanistan

Birkenzucker (*Xylit, Xylitol*) – Karies hemmender, für Diabetiker geeigneter Zucker aus Birken und anderen Harthölzern oder Maisspindeln und anderen landwirtschaftlichen Reststoffen

Buchweizen – glutenfreies, bucheckernförmiges Pseudogetreide mit aromatisch nussigem Geschmack, wenn angeröstet

Chiasamen – quellender Samen aus Mittelamerika, der vor allem Ballaststoffe und pflanzliche Omega-3-Fettsäuren liefert

Churna – Gewürzmischung aus Kräuterpulver und Mineralien, die in der ayurvedischen Küche verwendet wird

Chutney (*auf Hindi catni*) – würzige, süß-saure oder scharf-pikante Sauce der indischen Küche mit flüssigen, cremigen und pastösen Varianten, auch mit Frucht- und Gemüsestücken

Curry – der indischen Küche nachempfundene Gewürzmischung

Dal – Gericht der indisch-pakistanischen Küche aus Hülsenfrüchten, meist aus Linsen, aber auch aus Kichererbsen, Bohnen oder Erbsen

Dosa – eine Art Pfannkuchen der südindischen Küche aus einem fermentierten Teig aus Reis und Urdbohnen
Ghee – durch Entfernen von Wasser, Milcheiweiß und Milchzucker gewonnenes Butter-Reinfett zum Backen, Braten und Kochen, das durch geringen Wassergehalt wesentlich länger haltbar ist als Butter
Gluten (*lateinisch „Leim“*) – [glu'te:n] oder ['glu:ten] Klebereiweiß im Samen einiger Getreidearten, das bei Menschen mit Zöliakie zu Darmentzündung führen kann
Halwa – Süßspeise aus einem Mus von Ölsamen (geschälte Sesamsaat) und Zucker, Glukosesirup oder Honig
Kapha – (*sanskrit „Schleim“*) laut Ayurveda das Prinzip der Trägheit und Stabilität, auf körperlicher Ebene zuständig für alles Feste wie Knochen, Zähne und Nägel
Kitchari (*auf Hindi khicari*) – indisches Gericht aus den Grundzutaten Reis und Linsen
Lachyoga – Yogatechniken mit Lachübungen, die Menschen zum Lachen bringen, um Gesundheit und Wohlbefinden zu steigern
Molke – Flüssigkeit, die nach der Gerinnung von Milch zu Käse oder Quark abgesondert wird. Sauermolke entsteht, wenn Milch durch Milchsäurebakterien zersetzt wird.
Mung-Dal (*Mungbohne*) – indisches Grundnahrungsmittel mit hohem Eiweiß- und Lysin-Gehalt
Panchakarma – ayurvedische Reinigungskur zur Ausleitung von *Ama*, von Stoffwechselabbauprodukten, unverdauten Nahrungsbestandteilen und Umweltgiften
Pesto (*italienisch „zerstampft“*) – ungekochte pastöse Sauce für italienische Nudelgerichte
Pitta – (*sanskrit „Galle“*) laut Ayurveda das Prinzip der Umwandlung, verantwortlich für alle biochemischen Aktivitäten, für Verdauung und Stoffwechsel
Rübenkraut – aus dem Saft von Zuckerrüben gewonnener Sirup
Slow Food – (*englisch „langsames Essen“*) im Gegensatz zu Fastfood genussvolles, bewusstes und regionales Essen: gut, sauber und fair
Quinoa (*Reismelde*) – glutenfreies Pseudogetreide mit senfkorngroßen Samen

Schwarzsalz (*auf Hindi Kala Namak*) – Würzmittel, überwiegend aus Natriumchlorid, mit schwefligem Geruch, der an hartgekochte Eier erinnert
Sharkara – nach traditionellen ayurvedischen Vorgaben hergestellter Rohrzucker, bei dem die säurebildenden Bestandteile aus den Knoten und Wurzeln des Zuckerrohrs reduziert sind
Smoothie (*englisch smooth, „glatt, weich"*) aus Amerika stammende Bezeichnung für frisch zubereitete, kalte Mixgetränke aus Obst, Kräutern, Gemüse und optional Milchprodukten
Stevia (*Süßkraut, Honigkraut*) – seit 2011 von der Europäischen Union zugelassenenes Süßungsmittel mit bitterem Nachgeschmack
Tahin (*Tahina, Tahini*) – Paste aus feingemahlenen geschälten (weißes Tahin) oder ungeschälten (dunkles Tahin) Sesamkörnern
Tamas (*sanskrit „Dunkelheit, Trägheit"*) – wirkt hemmend und verwirrend, macht Organe schwerfällig und erschwert die Erkenntnis
Tapioka – nahezu geschmacksneutrale Stärke aus der bearbeiteten und getrockneten Maniokwurzel
Teff – Zwerghirse, ihre Samen sind glutenfrei und reich an essentiellen Fettsäuren
Urad-Dal (*Urdbohne*) – auch Linsenbohne genannt, nahe verwandt mit der Mungbohne, siehe Mung-Dal
Vaidya – ayurvedischer Arzt
Vata – (*sanskrit „Luft, Wind"*) laut Ayurveda das Prinzip der Leichtigkeit und Veränderung, verantwortlich für alle Bewegungsabläufe in Körper und Geist
vegan – frei von tierischen Produkten jeglicher Art
Wasso-Dawa – flexible Anpassung der Kochrezepte an die Zutaten, die gerade vorrätig sind, ähnlich dem Prinzip „*Wasso-Wegmuss*"
Weinstein-Backpulver – glutenfreie Alternative zu konventionellem, phosphathaltigem Backpulver aus natürlicher Weinsteinsäure
Yoga – laut Yoga-Sutra ist Yoga „Geisteswellen-Beruhigung" oder auch „Geisteswellen in Ruhe", sodass die individuelle Seele wieder mit ihremUrsprung, mit *Atma*, dem kosmischen Selbst, verschmilzt
Yogi – Mensch, der den Weg des Yoga geht oder ihn schon vollendet hat und in Einheit mit dem kosmischen Gesetz lebt

Patañjalis Yoga-Sutra – Yogakraft durch Samadhi und Sidhis

Vom Sinn des menschlichen Daseins

Im Yoga-Sutra, dem klassischen Werk über Yoga, fasst Patañjali den Sinn menschlichen Daseins in 195 prägnanten Sutras zusammen: eine Gedächtnisstütze für den Wissenden, die sich in einer knappen halben Stunde rezitieren lässt. Patañjalis Sutrastil und die Vieldeutigkeit der Sanskrit-Begriffe führen zu immer neuen Übersetzungen und Deutungen.

In dieser Übersetzung von Jan Müller wird der Stichwortcharakter der Sutras beibehalten und der erklärende Kommentar durch Beispiele eigener Erfahrungen aus über 50 Jahren praktischer Anwendung der Yoga-Techniken veranschaulicht.

---

325 Seiten mit Illustrationen und vielen Erfahrungsberichten des Autors und mit Zitaten von Maharishi, Taschenbuch ISBN 9783945004272
Hardcover ISBN 9783945004289

Leseprobe, Pressestimmen und Bestellung:
Alfa-Veda Verlag – www.alfa-veda.com– alfa-veda@email.de